Maria Elisabeth Huber

Wo bin ich zu Hause?

Ich bin in dieser Welt
aber nicht
von dieser Welt.

Sei, wer du bist.
Sei, wie du bist.
Sei, was du bist.

Wache auf!

Werde der, der du bist!

„Ihr werdet mich suchen und finden; denn wenn ihr mich von ganzem Herzen suchen werdet, so will ich mich von euch finden lassen..." Jeremia 29 Vers 13 und 14

Bist du ein Mensch, der sich von seiner Geburt an anders gefühlt hat? Bist du ein unglücklicher Mensch, der bisher noch nicht im Leben angekommen ist?

Leidest du darunter, dass du dich nirgendwo wirklich zu Hause fühlen kannst? Fragst du dich: Was fehlt mir? Wonach suche ich? Was ist los mit mir? Wo gehöre ich hin? Wo ist mein zu Hause?

Diese Fragen habe ich mir früher ebenfalls gestellt, bis ich die Bestimmung meines Lebens finden durfte. Ich musste lernen, Botschaften zu interpretieren und zu verstehen, bis ich begreifen konnte, warum ich mich nirgendwo zu Hause gefühlt habe. Heute weiß ich, wer ich bin. Gerne lasse ich dich an meiner Erkenntnis teilhaben und zeige dir in diesem Buch meine Lösung.

„Denn welcher Mensch weiß, was im Menschen ist, als allein der Geist des Menschen, der in ihm ist? So weiß auch niemand, was in Gott ist, als allein der Geist Gottes."
1 Korinther 2 Vers 11

Maria Elisabeth Huber

Wo bin ich zu Hause?

Ich bin in dieser Welt
aber nicht
von dieser Welt.

Rette deine Seele, es ist
noch nicht zu spät!

Bibliografische Information der Deutschen Nationalbibliothek:

Die Deutsche Nationalbibliothek verzeichnet diese Publikation in der Deutschen Nationalbibliografie; detaillierte bibliografische Daten sind im Internet über http://dnb.dnb.de abrufbar.

Herstellung und Verlag: BoD – Books on Demand, Norderstedt

ISBN: 9783749408917

„Die beiden wichtigsten Tage deines Lebens sind der Tag, an dem du geboren wurdest, und der Tag, an dem du herausfindest, WARUM!" Samuel Langhorne Clemens (1835-1910), besser unter seinem Pseudonym **Mark Twain bekannt.**

Über mich

Ich bin Maria Elisabeth Huber, geboren wurde ich im wunderschönen Salzkammergut, einer der wohl schönsten Regionen der österreichischen Alpen. Aufgewachsen bin ich in der Nähe von Bad Ischl und Hallstatt in einem wunderschönen Bauernhaus, in dem ich mich wohl und geborgen, aber nie zu Hause fühlte. Groß geworden bin ich unter anderem mit den wunderbarsten Mehlspeisen, die ich gemeinsam mit meiner Familie beim Zauner genießen durfte. Jeder, der Bad Ischl kennt, weiß, worüber ich hier schreibe. In der Summe bin ich in paradiesähnlichen Zuständen aufgewachsen. Leider wurde dieses Paradies nicht zu meinem zu Hause, nachdem sich mein Herz sehnte.

Als Kind dachte ich oft, was stimmt nicht mit mir? Warum blutet mein Herz nicht für meine Heimat? Ich hielt es sogar für möglich, dass man mich nach der Geburt im Spital vertauscht hat. Wie kann ich mich inmitten meiner so liebevollen Familie und tollen Freunden in diesem paradiesischen Salzkammergut nicht zu Hause fühlen? Diese Frage beschäftigte mich permanent.

Um mir diese Frage selbst zu beantworten, bin ich als Weltenbummler umhergeirrt, in der Hoffnung, mein zu Hause zu finden. Ich habe in den unterschiedlichsten

Regionen der Welt gelebt, aber nirgendwo konnte ich sagen, dass ich zu Hause bin. Immer wieder drängten sich mir dieselben Fragen auf, was fehlt mir? Was ist los mit mir? Warum kann ich mich nirgendwo wirklich zu Hause fühlen? Bin ich etwa krank?

Oft dachte ich, dass ich Zuschauer meines eigenen Lebens sei. Ich war da aber nicht da. Ich war wie ein Fremder in meiner Familie und bei meinen Freunden, ich war da, aber gehörte nicht richtig dazu. Während der letzten Jahre habe ich viele „Wohlfühloasen" gefunden, aber keine fühlte sich wie mein zu Hause an.

Ich war sehr traurig, weil ich keine Antwort auf meine Fragen finden konnte. Fragen wie, wo gehöre ich hin? Was mache ich hier auf der Erde? Blieben leider immer unbeantwortet. Ich sah meine Mitmenschen, egal wo ich gerade auf der Welt war, wie innig sie zum Teil mit ihrer Heimat verbunden waren, wie sehr sie ihr zu Hause liebten und wie anders ich in der Hinsicht bin.

Nach jahrelangem Suchen erkannte ich mein Problem und fand die Antwort darauf.

Heute kenne ich die Antwort zu meiner mir selbst gestellten Frage, warum ich mein zu Hause nicht finden konnte. Ich habe ein rastloses Leben geführt auf der Suche nach meinem Heimathafen, der hier nicht existiert. Viele Jahre hat es gedauert, bis es mir wie Schuppen von den Augen fiel und ich den Sinn meines Lebens verstanden und erkannt habe. Mein Schicksal ist die Realisierung meiner Lebensaufgabe.

Meine Heimat und mein zu Hause sind nicht hier.

Inhaltsverzeichnis

Sei, wer du bist.

Sei, wie du bist.

Sei, was du bist.

Wache auf, du bist eine inkarnierte Seele.

Werde der, der du bist!

Es ist dein Leben,
finde dein zu Hause.

Vorwort

Ja, ich gestehe, ich fühlte mich seit meiner Kindheit nirgendwo zu Hause. Ich habe aber keine traumatischen Erlebnisse durchgemacht bzw. erleben müssen.

Meine Geburt war unproblematisch, meine Eltern immer liebevoll, ich habe keinen sexuellen Missbrauch erlebt und keinerlei körperliche oder emotionale Strafen ertragen. Meine Schulzeit verlief unproblematisch und meine Eltern führten eine Bilderbuchehe. Mit anderen Worten, ich war eingebettet in ein Umfeld, was man sich theoretisch nur wünschen konnte.

Doch trotzdem fehlte mir etwas. Mein Herz blutete von Anfang an, getrieben von der Sehnsucht nach meinem richtigen zu Hause. Ich stellte mir oft die Fragen: Wozu bin ich auf dieser Welt? Was fehlt mir? Wonach suche ich? Was ist der Sinn des Lebens?

Nicht dass meine Schilderung falsch verstanden wird. Ich habe viel Freude und Herzlichkeit erlebt, habe immer Freunde und Bekannte gehabt und fühlte mich wohl in deren Gemeinschaft. Aber trotzdem fühlte ich mich fremd in dieser Welt. Ich war da aber doch nicht richtig da, ich war hin und her gerissen, weil mir etwas fehlte, nämlich ein tatsächliches zu Hause, dass mir meinen Herzschmerz stillen konnte. Ich habe mit einem Therapeuten gesprochen, aber auch er konnte mir meinen Schmerz nicht nehmen. Er suchte mein Problem in meinem direkten

Umfeld, doch da war - und dafür verbürge ich mich - alles in Ordnung.

Ich fühlte mich immer so, als ob ich zwar in dieser Welt bin, aber nicht in diese Welt gehöre. Oder anders umschrieben, als ob ein Fuß von mir hier auf der Erde ist und der andere in einer anderen Welt steht und das die Grenze je nach Tagesform durch meinen Körper verläuft.

Nachdem ich den Schlüssel zu meinem Problem fand, war mir das vorher erlebte Dilemma klar. Der Spagat, den ich durchlebte, hing mit meinem Körper, meinem Geist und meiner Seele zusammen.

Erst als ich die Zusammenhänge von dem Leben in diesem physischen Körper verstand und erfahren durfte, dass alles mit einem göttlichen Auftrag verbunden ist, änderte sich meine Einstellung zu mir und meiner Anwesenheit auf der Erde.

Heute weiß ich, wer ich bin, ich bin ein Geschöpf Gottes und lebe mein karmisch vorbestimmtes Leben und bin glücklich. Wie ich zu der Erkenntnis kam, umschreibe ich in einem der nächsten Kapitel.

Ich verwende im Buch konsequent das „Du". Es geht hier um (d)eine persönliche Weiterentwicklung, es wirkt vertrauter, näher, direkter und persönlicher.

Der Sinn des Lebens liegt darin, deine Seele zu retten und den Schöpfungsgedanken zu verstehen.

Du bist für dein Sein ganz alleine verantwortlich.

Alles liegt nun an dir. Es ist kein Zufall, dass du diese Zeilen gelesen hast. Alles Weitere liegt in deinen Händen.

Ich bin nicht die Einzige mit Fernweh

Nach einer Vorlesung saßen wir mit einigen Kommilitonen von der Uni im Biergarten am Viktualienmarkt in München und ließen den lieben Gott einen guten Mann sein. Jeder, der solche Situationen kennt, weiß, dass sich nach dem ersten frisch gezapften Bier die Zunge der Teilnehmer lockert und einfach drauf los gequatscht wird.

Irgendwann wurde die Frage in die Runde gestellt: Was macht ihr nach dem Studium? Geht es wieder nach Hause? Oder habt ihr schon ein Ziel?

Peter, der mit uns am Tisch saß, sagte spontan: „Nach Hause? Ich habe zwar ein Elternhaus, aber ein zu Hause, nachdem ich mich sehne, habe ich komischerweise nicht. Mir blutet immer das Herz nach dem Ort, den ich suche, aber noch nicht kenne." Ich war von seiner Aussage berührt. Dann meldete sich Claudia zu Wort: „Ich habe ein zu Hause, aber ob das der Ort ist, wo ich noch einmal leben will, bezweifle ich, ich will nach Sydney, ich habe tolle Bilder von der Stadt gesehen, es zieht mich magisch an. Vielleicht habe ich in einer früheren Inkarnation mal dort gelebt."

So ging es kunterbunt weiter, alle meldeten sich zu Wort und jeder wollte einfach nur fort. Der eine nach

Kanada, eine andere nach New York, Felix nach Istanbul, Petra wollte nach Irland wegen der Kultur und der Musik, Steve wollte nach Südafrika, jeder, der mit uns am Tisch saß, wollte weg. Dann fragte mich Petra, da ich bislang geschwiegen hatte, was ist mit dir Lissi? „Ich, ich will auch weg! Ich suche nach meinem zu Hause auf dieser Welt". Petra, die im letzten Sommer bei uns in Ischl war, sagte: "Du suchst ein zu Hause, du hast doch den Traum vom Wohnen seit deiner Geburt. Dann lass uns doch tauschen, wenn ich mir einen hübschen irischen Prinzen geholt habe, ziehe ich bei deinen Eltern ein". Daraufhin fingen alle am Tisch an zu lachen.

Ich fügte noch hinzu, dass mein Herz voller Sehnsucht sei, nach dem zu Hause, was ich noch nicht gefunden habe. Es verwunderte mich wirklich, dass keiner meiner Kommilitonen wieder dahin zurückgehen wollte, wo er vor dem Studium gelebt hat. Demnach suche ich ja nicht alleine, scheinbar suchen noch viel mehr Menschen nach irgendetwas, ob bewusst oder unbewusst.

Dieses Gespräch im Biergarten hat etwas in mir ausgelöst, so eine Art von Befreiung, da ich erkannt habe, dass ich nicht alleine, sondern viele auf der Suche nach dem zu Hause sind. Wir haben anscheinend alle etwas gemeinsam, wir sind zwar auf der Suche, aber wissen nicht, wonach. Anscheinend ist für viele der Ort, an dem sie geboren und aufgewachsen sind, nicht gleichzeitig ihr zu Hause, möge es noch so schön, liebevoll, harmonisch und landschaftlich atemberaubend sein.

Das Grundlegendste fehlt bei uns allen - das Gefühl, zu Hause zu sein. Es ist schwierig zu erklären, denn diejenigen, die ihr zu Hause fühlen und wissen, wo sie hingehören, können sich diese Sehnsucht und den Schmerz von uns Suchenden nicht vorstellen. Wie dem auch sei, ich könnte über dieses Thema noch stundenlang philosophieren, belasse es an dieser Stelle. Die Erkenntnis, dass ich mit meiner Suche nicht alleine bin, hat mich enorm beruhigt und irgendwie auch getröstet.

Erkennst du dich hier wieder?

Bist du ein Mensch, der sich von seiner Geburt an anders gefühlt hat? Bist du ein Esoteriker, ein Querdenker, ein alternativer Heiler, ein Lichtarbeiter? Bist du ein unglücklicher Mensch, der bisher noch nicht im Leben angekommen ist?

Betrachtest du dich als Exot? Bist du anders als die breite Masse deiner Mitmenschen? Bist du eine suchende Seele, bist du gläubig, glaubst aber nicht an die von Menschenhand gestaltete Kirche, fühlst du dich von der offiziellen Kirche und deren Lehre abgestoßen?
Falls "JA", dann trägst du dasselbe Problem in dir, was ich ebenfalls früher hatte. Ich habe darunter gelitten, dass ich mich nirgendwo wirklich zu Hause fühlen konnte. Ich fragte mich unentwegt: Was fehlt mir? Wonach suche ich? Was ist los mit mir? Wo gehöre ich hin? Was und wo ist

mein zu Hause? Ich konnte nicht glauben, dass das zu Hause der Ort sein soll, wo ich geboren wurde.

Ich musste lange suchen und erst aufwachen, um zu begreifen, warum ich mich nirgendwo zu Hause gefühlt habe. Heute kenne ich die Lösung für mein Problem. Ich bin eine Zeitreisende mit einer Lebensaufgabe, ich bin eine inkarnierte Seele, deshalb fühle ich mich ruhelos und heimatlos.

Ich war auf der Suche nach meiner Lebensaufgabe, ich musste lange suchen, bis es mir wie Schuppen von den Augen fiel, und spürte, dass ich eine inkarnierte Seele bin.

Sofern du dich in den oberen Fragen wiedererkannt hast, trägst du dasselbe Schicksal in dir wie ich. Du bist ebenfalls eine inkarnierte Seele, die ihr zu Hause sucht.

Wache auf! Du bist eine(r) von uns. Starte deine Transformation, verwandel dich in dein ICH, nehme deine Lebensaufgabe an und übernehme die Verantwortung für das, weshalb du in diese Epoche inkarniert bist. Der Wandel ist jetzt! Diese aktuelle Zeit verändert alles auf dem Planeten und in unserem Universum. Du bist ein Teil davon, dass alles geschehen kann. Du hast Verantwortung übernommen und aus dem Grunde bist du mit uns inkarniert.

Du bist ein göttliches Wesen, wir brauchen dich, deshalb wache auf! Es zählen keine weiteren Ausreden mehr, dass die Zeit nicht so weit ist und dass Du alleine nichts bewirken kannst. Wir sind viele!

Beschäftige dich damit und verbinde dich mit uns.

Bringe Körper, Geist und Seele in Einklang

Auf der Suche nach meinem inneren zu Hause besuchte ich einen Therapeuten. Ein Satz von vielen brannte sich in mein Gedächtnis ein, er lautete: Körper, Geist und Seele müssen in Einklang und in der richtigen Balance schwingen. Er attestierte mir ein Ungleichgewicht und sagte mir, dass ich daran arbeiten müsse, und gab mir viele praktische Tipps, die ich umsetzen sollte. An dieser Stelle verzichte ich darauf, seine gut gemeinten Ratschläge aufzulisten.

Da ich immer etwas Zeit brauche, bis ich das Gesagte zu 100 % verstanden und verdaut habe, dachte ich später am Abend erneut über seine Aussage nach. Im Bekanntenkreis habe ich oft gehört, dass eine positive und ausgeglichene Balance zwischen Körper, Geist und Seele herrschen sollte. Aus dem Grunde überraschte mich die Aussage meines Therapeuten nicht wirklich.

Doch dann fing ich an, über diese Aussage nachzudenken und es kamen folgende Fragen in mir hoch: Was ist eigentlich der Geist? Und was ist die Seele, von der alle sprechen?

Ich dachte länger darüber nach und konnte - wenn ich ehrlich bin - keine Antwort darauf finden. Somit fing ich an, im Internet zu recherchieren. Dort fand ich Hunderte von schlauen Seiten mit den besten Ratschlägen, wie man Körper, Geist und Seele in Einklang bringen kann. Überall wurde von Meditation, Bewegung, von der richtigen Ernährung, einem guten Schlaf, dem eliminieren, von destruktiven Gefühlen wie Angst, Ablehnung, Schuld, Sorgen, Wut, Zweifel usw. geschrieben, doch keiner erklärte, was Geist oder die Seele ist. Schon sonderbar, oder? Warum geht keiner darauf ein?

Unisono konnte ich bei allen Anbietern lesen, dass sobald keine negativen Gefühle mehr vorhanden sind oder man den Kurs XYZ absolviert hat, sich fast automatisch die Balance des Körpers, des Geistes und der Seele wieder mühelos einstellen würde. Alle schrieben so selbstsicher darüber, ohne selbst zu wissen oder zu definieren, was der Geist und die Seele sind.

Ad hoc fand ich keinen, der in der Lage war, mir meine Frage zu beantworten. Jeder setzt voraus, dass es scheinbar zum Allgemeinwissen gehören muss, zu wissen, was der Geist und die Seele sind.

Nach dieser ersten Recherche fing ich an, tiefer in diese Materie einzusteigen.

Es wurde zu einer interessanten Mammutaufgabe. An meinen Ergebnissen lasse ich dich auf den nächsten Seiten teilhaben.

Bevor du weiter blätterst, frage ich dich nun direkt:

- Was ist der Geist und die Seele für dich?
- Was passiert, wenn du stirbst, mit deinem Geist und deiner Seele?
- Ist die Seele unsterblich?
- Hast du Antworten auf diese Fragen?

Nehme dir bitte die Zeit, selber in dich zu gehen, um nach Antworten zu suchen.

Meine findest du wie gerade geschrieben auf den nächsten Seiten. Wobei ich dir als Erstes das anbieten werde, was ich gefunden habe, was scheinbar „the state of science" ist. Danach lasse ich dich an meiner persönlichen Überzeugung teilhaben. Ich wünsche dir viel Spaß dabei und hoffe, dass ich dir mit meiner Recherche helfen kann.

Was ist Körper, Geist und Seele?

Der Körper ist im Vergleich zum Geist und der Seele am besten erforscht. Beim Geist und der Seele gibt es wissenschaftlich betrachtet extreme Defizite. Man könnte sich die Frage stellen, warum ist das so? Will man keine schlafenden Hunde wecken? Möchte man uns von der Erkenntnis abhalten, dass wir Geschöpfe Gottes sind?

Hier in dem Kapitel steht meine Zusammenfassung von sehr vielen Berichten, die ich gelesen habe. Alles, was du hier findest, entspricht nicht unbedingt meiner Meinung. Es scheint die allgemeingültige Definition zu sein, weil es sich immer irgendwo wiederholt, als ob der eine von dem anderen abgeschrieben hat.

Starten möchte ich mit der Definition des Körpers.

Der physische Körper besteht aus Materie, Atomen und Molekülen. Der Löwenanteil des menschlichen Körpers besteht aus ca. 65 - 70 % Wasser, der Rest verteilt sich auf Sauerstoff, Kohlenstoff, Mineralien und verschiedene Spurenelemente.

Der menschliche Körper besteht aus bis zu 100 Billionen Zellen, die unsere Organe, Knochen, Muskeln, Gewebe, Blut usw. bilden. Übrigens sterben jede Sekunde ca. 70 Milliarden Zellen. In Abhängigkeit von unserem biologischen Alter werden diese in unserem Körper immer wieder neu gebildet. Sorge in deinem eigenen Interesse für das richtige Körpermilieu durch die richtige Ernährung. Nur so können die neuen Zellen an der richtigen Stelle platziert und alte abgestorbene Zellen ausgeschieden werden. Für diese Prozesse benötigt dein Körper ausreichend frisches Wasser mit einem negativen ORP-Wert, um immer perfekt hydriert zu sein.

Jedenfalls freue ich mich, dass ich hier angefangen habe, über den Körper zu schreiben, denn ohne diese Sätze hätte ich mir nicht die Frage stellen können, wer oder was gibt dieser biologischen Masse den Verstand zu atmen, zu denken und zu sein?

Sollte sich hier in der zu erwartenden Antwort ein entscheidender Schlüssel für das Sein des Menschen verbergen? Wenn man immer von der Einheit „Körper, Geist und Seele" spricht, könnte man annehmen, dass ein Drittel aus Menschenfleisch und zwei Drittel aus einer göttlichen Substanz dem Geist und der Seele besteht. Darauf gehe ich in dem nächsten Kapitel ein, wenn ich dir meine Interpretation näher bringe.

Zusammenfassend sei erlaubt zu schreiben: Achte immer auf deinen Körper, du hast tatsächlich nur den EINEN, auch wenn er sich alle 7 Jahre erneuert.

Nun komme ich zum Geist, dem Dirigenten unseres Körpers.

Unser Geist scheint seinen Platz in unserem Gehirn gefunden zu haben, er lässt sich nicht wiegen und physikalisch taxieren. Wir können unseren Geist nicht mit einem unserer 5 Sinnesorganen erfassen. Weder der Tast-, Geschmacks-, Geruchs-, Hör- und Sehsinn ist dazu in der Lage. Wir wissen, dass der Geist, der scheinbar im Gehirn sitzt und in unserem Kopf arbeitet, uns dazu befähigt, zu existieren. Der Geist dirigiert unser Gehirn und befähigt uns zu denken, zu sprechen, zu gehen, zu reden, zu lernen, Freunde zu finden, Emotionen zu haben und so ganz nebenbei zu wissen, was es bedeutet, am Leben zu sein. Der Geist managt das Gehirn, dadurch werden alle Systeme des menschlichen Körpers autark gesteuert und dirigiert.

Der Geist veranlasst das Gehirn über die fünf Sinnesorgane unseres Körpers, die Zustände und Vorgänge in der Außenwelt wahrzunehmen. Mit Augen, Ohren, Nase, Zunge und Haut empfangen wir Reize und geben diese ans Gehirn weiter, woraus dann scheinbar unser Wissen entsteht. Unser Geist gibt uns die einzigartige Fähigkeit des Verstehens und des Erfassens von Situationen. Er repräsentiert scheinbar unseren Intellekt, Ängste, Emotionen, Leidenschaften und steuert unsere Kreativität. Unser Geist ist der Motor unserer geistigen Fähigkeiten, er beflügelt unsere Phantasie und steuert unser Heimkino beim Träumen.

Ich habe hier bewusst mehrfach das Wort scheinbar verwendet, da die offizielle Erkenntnis unserer Naturwissenschaft viele Defizite hat. Das bedeutet freundlich ausgedrückt, die Naturwissenschaftler haben keinen Plan!
Es sind unzählige Fragen offen, die sich einem stellen, wenn man sich intensiver damit beschäftigen würde. Ich schreibe hier einige auf, falls diese Seiten Naturwissenschaftler lesen sollten.

- Wie arbeitet der Geist?
- Was ist der Geist tatsächlich?
- Wie ist der Geist strukturiert?
- Wie funktioniert der Geist?
- Aus welchem Medium existiert der Geist?
- Lässt sich der Geist unter einem Mikroskop darstellen?
- Kann man den Geist eines Menschen konservieren?
- Stirbt der Geist des Menschen unwiderruflich?
- Welches Know-how hat der Geist bei einem Baby?
- Was ist die Kernaufgabe des Geistes?
- Hat der Geist etwas mit der Psyche des Menschen zu tun?
- Ist der Geist der Architekt des menschlichen Körpers?
- Woher bekommt der Geist die Regieanweisung, den Körper zu gestalten?

Dazu ein kleines Zitat von Buddha: **„Der Geist ist alles; was du denkst, das wirst du."**

Nun kommen wir zur Seele.

Eine Definition für die Seele zu finden ist sehr schwierig, ich würde sagen fast unmöglich oder aussichtslos. Seit Menschengedenken wird spekuliert, formuliert, widerrufen und gerätselt, was die Seele ist. Philosophen, Naturwissenschaftler und Theologen beschäftigen sich damit. Doch bis zum heutigen Tag wurde kein Konsens gefunden. Ich habe den Eindruck, dass hier bewusst die Wahrheit nicht veröffentlicht wird.

Alle beteiligten Wissenschaftler sprechen von der Balance von Körper, Geist und Seele, aber keiner bekennt sich dazu, was die Seele ist. Es drängt sich die Frage auf: Ist es die Seele, die Einheit, die Kraft, die Substanz, die den Menschen unsterblich macht? Ist die Seele die Antenne zum Universum? Gibt es ein Körperorgan, das von unserem Schöpfer dafür konstruiert wurde?

Ich stelle dir hier nun die Betrachtung der Seele aus unterschiedlichen Blickwinkeln vor.

Um einen Anfang zu finden, habe ich im Duden nachgeschlagen. Dort steht unter dem Wort Seele:

1. "Gesamtheit dessen, was das Fühlen, Empfinden, Denken eines Menschen ausmacht; Psyche

2. substanz-, körperloser Teil des Menschen, der nach religiösem Glauben unsterblich ist, nach dem Tode weiterlebt."

In vielen Weltreligionen ist die Seele eine Einheit, die nach dem Sterben des physischen Körpers weiterlebt. Somit zeichnet die Seele sich bei diesem Verständnis dafür verantwortlich, dass der Träger der Seele nach seinem Tod weiterlebt. Durch die Seele wird bei dieser Definition der Mensch unsterblich. 75 % der Weltbevölkerung glaubt an eine Reinkarnation der Seele.

Es gibt hier unterschiedliche Auffassungen unterschiedlicher Religionen. Bei den Christen geht man davon aus, dass die Seele nach dem Tod entweder in den Himmel oder aber zum Ort der ewigen Verdammnis kommt, um dort bei der Wiederkunft Gottes vernichtet zu werden. Die Kirchenfürsten waren im Jahr 553 n. Chr. auf dem Konzil in Konstantinopel so „freundlich", die „Reinkarnation" der Seele aus der Glaubenslehre der christlichen Kirche zu entfernen. Die damaligen Theologen schufen ein Instrument, um das Verhalten von uns Menschen zu lenken. Es war ein Instrument, um Angst zu schüren und über eine Ablassregelung Geld zu verdienen. Der Platz im Himmel sei abhängig vom Betragen von uns Menschen zu unseren Lebzeiten. So wurden die Menschen gottesfürchtig erzogen und als Sklaven gehalten.

Nun schauen wir mal, was die Wissenschaft zur Seele sagt.

Unterm Strich sind zwei dogmatische Meinungen zu finden. Auf der einen Seite der Medaille gibt es

Befürworter, dass die Seele ewig lebt und auf der anderen Seite stirbt die Seele beim Tod des Menschen.

Ich möchte in diesem Zusammenhang darauf hinweisen, dass unsere Wissenschaft prinzipiell auf Denkmodellen basiert. Es wird jeweils versucht, eine Wirkung oder Tatsache zu erklären. Alle Experten versuchen uns immer nur weiszumachen, dass ihre Erklärungen die Realität, das Nonplusultra ist und das alles der absoluten Wahrheit entspricht. Diese Wissenschaftler wissen alle, dass keiner in der Lage ist, deren Aussagen zu widerlegen. Ob eine Seele existiert, muss jeder Mensch für sich selbst entscheiden.

Neben dem Buddhismus gibt es die unterschiedlichsten Gemeinschaften auf der Welt, die von der unsterblichen Seele ausgehen, die immer wieder als Ur-Seele inkarniert, um den göttlichen Auftrag zu erfüllen.

Meine gewonnene Erkenntnis kannst du im nächsten Kapitel lesen. Schon mal eines vorab dazu, es wird spannend!

Meine Definition von Körper, Geist und Seele

War es Zufall oder Schicksal, dass ich das Glück hatte, jemanden zu treffen, der einen ganz besonderen Bezug zum Universum hat? Diese Person - ich nenne hier nicht seinen Namen, da ich es ihm hoch und heilig versprochen habe - erhält auf alle seine

Fragen Antworten aus dem Universum. Er kann, so wie er es mir versicherte, gemäß seinem Karma in der Akasha Chronik lesen. Diese Einleitung sollte dir ausreichen, dass du verstehst, woher ich diese Informationen erhalten habe. Seine Ausführungen erschienen mir so glaubhaft, dass ich sie zu meinem Allgemeinwissen erkläre. Nun zu der Definition von Körper, Geist und Seele.

Auf den menschlichen Körper gehe ich hier nicht gesondert ein, da ich mich den Fragmenten der Naturwissenschaftler anschließe, zumal ich hier nur über Seele und den Geist schreiben werde.

Um zu verstehen, was es mit der Seele auf sich hat, sollte man bei dem Ursprung anfangen. Deshalb betrachten wir hier die Entstehung des menschlichen Körpers und schauen, welche Komponenten alle dabei eine Rolle spielen. Vorab noch einmal zum Verständnis, das, was ich hier schreibe, ist nicht durch undogmatisches Wissen von Wissenschaftlern entstanden und abgesegnet, es basiert auf dem Wissen der Akasha Chronik.

Sobald eine Oozyte (Die Eizelle der Frau) mit einem Sperma (Samenflüssigkeit des Mannes) befruchtet wurde (Zygote) geschieht Folgendes. Es entsteht die erste Zelle des neuen Erdenbürgers. Somit wird der Bauplan des neuen Erdenmenschen mit der DNA von Mama, Papa und dem Regieplan einer Seele in dieser einen Zelle orchestriert.

Falls du den Kopf schüttelst, bedenke bitte, dass in dem Moment, wo diese erste Zelle frei schwebt, ist sie an keinem System der Mutter angeschlossen und kann nur durch eine Seele die Anweisung der Zellteilung erhalten haben.

Was passiert danach, diese erste Zelle des neuen Erdenbürgers wird innerhalb der nächsten Tage exakt 32-mal geteilt. Es entstehen 32 exakt vollkommen identische Zellen und alle ohne individuellen Bauplan. Diese befruchtete Morula (Fachbegriff für dieses Zellstadium) wandert in die Gebärmutter der Frau und nistet sich dort ein.

Was geschieht dann nach ca. 4 oder 5 Tagen? Die Seele inkarniert nun endgültig und übernimmt den Prozess der Entstehung des neuen Menschen. Auf den weiteren physischen Prozess im Mutterleib gehe ich hier nicht ein, das kann jeder bei Bedarf selber nachlesen. Ich konzentriere mich auf die Erklärung und Entstehung des Geistes und dem weiteren Zustand der Seele.

Wie oben aufgeführt, steuert eine Seele mit den Erbinformationen der Eltern die Entstehung der Zygote. Wie kann man sich das bildhafter vorstellen? Im unendlichen Sein "In Abrahams Wurstkessel" wimmelt es in einer anderen Dimension von wartenden Seelen. Alle diese Seelen warten auf die Chance einer neuen Inkarnation. Sobald sich dieser Seele die Chance bietet, versucht sie, in einen physischen Körper zu inkarnieren, um ihren eigenen göttlichen Auftrag zu erfüllen. Die Seele schaut sich Mama und Papa an, checkt die Gegebenheiten und entscheidet sich dann ganz bewusst für die bevorstehende Aufgabe innerhalb dieser ausgewählten Familienkonstellation. Jede Seele sucht für sich den optimalen Testkörper, je nach neuer Lebenssituation.

Wie geht es dann weiter?

Die Seele spiegelt und überträgt den Seelenauftrag als Teil des karmischen neuen Lebensauftrages an die im menschlichen Körper verbleibende Seele, die ab dem Moment in unserem Denken und in unserer Begrifflichkeit den Namen GEIST trägt. Noch anders ausgedrückt, die Ur-Seele, die mit dem gesamten Wissen der Akasha Chronik ausgestattet ist, überträgt nur den Teil des Wissens, der für diesen physischen Aufenthalt von Bedeutung ist. Kleines Beispiel? Ein Mensch, der in Bayern geboren wird, braucht zuerst das Vokabular aus Bayern und Hochdeutsch, beim Konfigurieren des Geistes wird demnach auf die koreanische und andere Sprachen verzichtet, wenn z. B. kein Aufenthalt nach Korea geplant ist.

Die Ur-Seele nistet sich außerhalb in unserem morphogenetischen Feld ein und hält permanent regen Kontakt mit der nun vermenschlichten Seele, die fortan den Namen Geist trägt.

Theoretisch, – wenn der Mensch nicht zu stark Einfluss genommen hätte, – würde alles perfekt mit dem neuen Erdenmenschen laufen. Das Karma, die Lebensaufgabe ist übertragen, doch dann geschieht das erste Dilemma. Sofort nach der Geburt des Babys werden die ersten chemischen toxischen Stoffe mittels Impfungen in den physischen Körper injiziert, und dadurch verliert der Geist den direkten Zugang zu allen in ihm hinterlegten Informationen. Im weiteren Verlauf des Erdenbürgers wird das Chaos noch größer, man wird mit giftigen Lebensmitteln ernährt, dadurch wird die Zirbeldrüse – der direkte Kontakt ins Universum – betäubt.

Im Kindergarten und später in der Schule wird es noch interessanter, man wird konditioniert mit dem aktuellen, für die Allgemeinheit freigegebenen Wissen der Menschen. Man erhält Regeln und es wird einem das freie undogmatische Denken abtrainiert. Man wird für das installierte gesellschaftliche System gefügig gemacht. Die Drahtzieher der Elite arbeiten daran, dass keine Konkurrenz entstehen kann, um selbst nicht von dem Thron gestoßen zu werden.

Die Seele und der Geist des Menschen bleiben aber im permanenten Kontakt und im Austausch, wobei die Seele alles das, was der physische Mensch anstellt, in der Cloud, in der Akasha Chronik sammelt und archiviert, um zukünftige Aufgaben, die gelebt werden müssen, zu sichern.

Es ist definitiv nicht gemäß unserem göttlichen Auftrag, was wir Menschen seit der ersten industriellen Revolution angestellt haben. Wobei ich hier nicht näher darauf eingehen möchte, es würde den Inhalt dieses Buches sprengen. Ich empfehle dir, folgendes Buch zu lesen:

Eine Botschaft für alle inkarnierten Seelen

Wacht auf, erinnert euch, denkt selbst, beende das Rad der Reinkarnation. Rettet eure Seele, es ist noch nicht zu spät!

- Aisha Maria Calligaris
- Selbsthilfe & Recht
- Paperback
- 144 Seiten
- ISBN-13: 9783734797057
- Verlag: Books on Demand

Dieses Buch hat mir definitiv dabei geholfen aufzuwachen. Dieses Buch hat meinen Blickwinkel auf mich persönlich und die Welt, in der ich lebe, verändert. Dieses Buch ist der Grund, warum ich dieses Buch für dich geschrieben habe. Ich will dir helfen aufzuwachen und dir die Chance geben, deine Seele zu retten. Ergreife die Chance und helfe uns dabei, diese Welt zu verändern und das Goldene Zeitalter zu gestalten.

Wie ich bereits weiter oben geschrieben habe, ist die Zirbeldrüse unsere Antenne ins Universum, deshalb habe ich mich gerade dazu entschlossen, darüber ebenfalls zu schreiben.

Was steht in der Bibel über den Geist und die Seele?

Beim Recherchieren im Netz kam mir der Gedanke, die Bibel zu durchforsten, um zu schauen, was dort zum Thema Geist und Seele niedergeschrieben wurde.

Die Bibelstellen, die ich gefunden habe, findest du in den nächsten beiden Kapiteln.

Bibelverse über den Geist

Bei meiner Recherche in der Bibel fand ich in der Lutherbibel insgesamt 457 Treffer. Hier präsentiere ich dir meine Auswahl:

1. „1 Korinther 2 Vers 11: Denn welcher Mensch weiß, was im Menschen ist, als allein der Geist des Menschen, der in ihm ist? So weiß auch niemand, was in Gott ist, als allein der Geist Gottes.

2. 2 Timotheus 1 Vers 7: Denn Gott hat uns nicht gegeben den Geist der Furcht, sondern der Kraft und der Liebe und der Besonnenheit.

3. 1 Johannes 4 Vers 13: Daran erkennen wir, dass wir in ihm bleiben und er in uns, dass er uns von seinem Geist gegeben hat.

4. Römer 8 Vers 16: Der Geist selbst gibt Zeugnis unserm Geist, dass wir Gottes Kinder sind.

5. Galater 5 Vers 25: Wenn wir im Geist leben, so lasst uns auch im Geist wandeln.

6. Römer 8 Vers 14: Denn welche der Geist Gottes treibt, die sind Gottes Kinder.

7. 1 Korinther 3:16: Wisst ihr nicht, dass ihr Gottes Tempel seid und der Geist Gottes in euch wohnt?

8. 2 Korinther 3 Vers 17: Der Herr ist der Geist; wo aber der Geist des Herrn ist, da ist Freiheit.

9. 1 Korinther 6 Vers 19 und 20: Oder wisst ihr nicht, dass euer Leib ein Tempel des Heiligen Geistes ist,

der in euch ist und den ihr von Gott habt, und dass ihr nicht euch selbst gehört? Denn ihr seid teuer erkauft; darum preist Gott mit eurem Leibe.

10. Apostelgeschichte 2 Vers 3 und 4: Und es erschienen ihnen Zungen, zerteilt und wie von Feuer, und setzten sich auf einen jeden von ihnen, und sie wurden alle erfüllt von dem Heiligen Geist und fingen an zu predigen in andern Sprachen, wie der Geist ihnen zu reden eingab.

11. Römer 15 Vers 13: Der Gott der Hoffnung aber erfülle euch mit aller Freude und Frieden im Glauben, dass ihr immer reicher werdet an Hoffnung durch die Kraft des Heiligen Geistes.

12. Epheser 3 Vers 16 und 17: Dass er euch Kraft gebe nach dem Reichtum seiner Herrlichkeit, gestärkt zu werden durch seinen Geist an dem inwendigen Menschen, dass Christus durch den Glauben in euren Herzen wohne. Und ihr seid in der Liebe eingewurzelt und gegründet.

13. Galater 5 Vers 22 und 23: Die Frucht aber des Geistes ist Liebe, Freude, Friede, Geduld, Freundlichkeit, Güte, Treue, Sanftmut, Keuschheit; gegen all dies steht kein Gesetz.

14. Römer 5 Vers 5: Hoffnung aber lässt nicht zuschanden werden; denn die Liebe Gottes ist ausgegossen in unsre Herzen durch den Heiligen Geist, der uns gegeben ist.

15. Galater 5 Vers 17: Denn das Fleisch begehrt auf gegen den Geist und der Geist gegen das Fleisch; die sind gegeneinander, sodass ihr nicht tut, was ihr wollt.

16. Johannes 4 Vers 24: Gott ist Geist, und die ihn anbeten, die müssen ihn im Geist und in der Wahrheit anbeten.

17. Lukas 11 Vers 13: Wenn nun ihr, die ihr böse seid, euren Kindern gute Gaben zu geben wisst, wie viel mehr wird der Vater im Himmel den Heiligen Geist geben denen, die ihn bitten!

18. Jesaja 61 Vers 1: Der Geist Gottes des HERRN ist auf mir, weil der HERR mich gesalbt hat. Er hat mich gesandt, den Elenden gute Botschaft zu bringen, die zerbrochenen Herzen zu verbinden, zu verkündigen den Gefangenen die Freiheit,den Gebundenen, dass sie frei und ledig sein sollen.

19. Hesekiel 36 Vers 27: Ich will meinen Geist in euch geben und will solche Leute aus euch machen, die in meinen Geboten wandeln und meine Rechte halten und danach tun.

20. Psalm 143 Vers 10: Lehre mich tun nach deinem Wohlgefallen, denn du bist mein Gott; dein guter Geist führe mich auf ebner Bahn.

21. 1 Johannes 4 Vers 1: Ihr Lieben, glaubt nicht einem jeden Geist, sondern prüft die Geister, ob sie von

Gott sind; denn viele falsche Propheten sind hinausgegangen in die Welt.

22. Epheser 1 Vers 17: Dass der Gott unseres Herrn Jesus Christus, der Vater der Herrlichkeit, euch gebe den Geist der Weisheit und der Offenbarung, ihn zu erkennen."

Bibelverse über die Seele

Hier einige der Stellen, die ich in der Bibel über die Seele gefunden habe. Insgesamt wird die Seele in der Lutherbibel 231-mal aufgeführt.

1. „Psalm 42 Vers 3: Meine Seele dürstet nach Gott, nach dem lebendigen Gott. Wann werde ich dahin kommen, dass ich Gottes Angesicht schaue?

2. Psalm 25 Vers 20: Bewahre meine Seele und errette mich; lass mich nicht zuschanden werden, denn ich traue auf dich! Raffe meine Seele nicht hin mit den Sündern noch mein Leben mit den Blutdürstigen

3. Matthäus 22 Vers 37: Jesus aber sprach zu ihm: „Du sollst den Herrn, deinen Gott, lieben von ganzem Herzen, von ganzer Seele und von ganzem Gemüt".

4. Matthäus 10 Vers 28: Und fürchtet euch nicht vor denen, die den Leib töten, doch die Seele nicht töten können; fürchtet viel mehr den, der Leib und Seele verderben kann in der Hölle.

5. 5 Mo 11 Vers 13:Werdet ihr nun auf meine Gebote hören, die ich euch heute gebiete, dass ihr den

HERRN, euren Gott, liebt und ihm dient von ganzem Herzen und von ganzer Seele

6. 5 Mose 4 Vers 29: Ihr werdet dort den HERRN, deinen Gott, suchen, und du wirst ihn finden, so du ihn von ganzem Herzen und von ganzer Seele suchen wirst.

7. 3. Johannes 1 Vers 2: Mein Lieber, ich wünsche, dass es dir in allen Stücken gut gehe und du gesund seist, so wie es deiner Seele gut geht.

8. Psalm 63 Vers 2: Gott, du bist mein Gott, den ich suche. Es dürstet meine Seele nach dir, mein Leib verlangt nach dir aus trockenem, dürrem Land, wo kein Wasser ist.

9. Matthäus 16 Vers 26: Was hülfe es dem Menschen, wenn er die ganze Welt gewönne und nähme doch Schaden an seiner Seele? Oder was kann der Mensch geben, womit er seine Seele auslöse?

10. Psalm 62 Vers 2: Meine Seele ist stille zu Gott, der mir hilft.

11. Josua 22 Vers 5: Achtet aber nur genau darauf, dass ihr tut nach dem Gebot und Gesetz, das euch Mose, der Knecht des HERRN, geboten hat, dass ihr den HERRN, euren Gott, liebt und wandelt auf allen seinen Wegen und seine Gebote haltet und ihm anhangt und ihm dient von ganzem Herzen und von ganzer Seele.

12. Josua 23 Vers 14: Siehe, ich gehe heute dahin wie alle Welt; und ihr sollt wissen von ganzem Herzen und von ganzer Seele, dass nichts dahingefallen ist von all den guten Worten, die der HERR, euer Gott, euch zugesagt hat. Es ist alles gekommen und nichts dahingefallen.

13. Psalm 42 Vers 12: Was betrübst du dich, meine Seele, und bist so unruhig in mir? Harre auf Gott; denn ich werde ihm noch danken, dass er meines Angesichts Hilfe und mein Gott ist.

14. Jeremia 6 Vers 16: So spricht der HERR: Tretet hin an die Wege und schaut und fragt nach den Wegen der Vorzeit, welches der gute Weg sei, und wandelt darin, so werdet ihr Ruhe finden für eure Seele! Aber sie sprachen: Wir wollen's nicht tun!

15. Psalm 139 Vers 13 und 14: Denn du hast meine Nieren bereitet und hast mich gebildet im Mutterleibe. Ich danke dir dafür, dass ich wunderbar gemacht bin; wunderbar sind deine Werke; das erkennt meine Seele.

16. Psalm 103 Vers 1: Lobe den HERRN, meine Seele, und was in mir ist, seinen heiligen Namen!

17. Sprüche 16 Vers 24: Freundliche Reden sind Honigseim, süß für die Seele und heilsam für die Glieder.

18. Psalm 130 Vers 5: Ich harre des HERRN, meine Seele harret, und ich hoffe auf sein Wort.

19. Psalm 19 Vers 8: Das Gesetz des HERRN ist vollkommen und erquickt die Seele. Das Zeugnis des HERRN ist gewiss und macht die Unverständigen weise.

20. Psalm 71 Vers 23: Meine Lippen und meine Seele, die du erlöst hast, sollen fröhlich sein und dir lobsingen."

Die Zirbeldrüse ist der Sender deiner Seele

Die Zirbeldrüse ist das Auge des Horus, sie steuert deine Wahrnehmung, deine Intuition, deine Fähigkeiten, um Visionen wahrzunehmen, deine Klarheit, sie ist der Transmitter deiner Seele zum Universum.

Ich gehe noch einen Schritt weiter, die Zirbeldrüse ist die direkte Linie zu Gott. Ohne Wertung sollte man zu dem Schluss kommen, dass die meisten Menschen die Fähigkeit verloren haben, sie richtig zu benutzen.

Wobei eine Frage erlaubt sein sollte: Gibt es Kräfte oder Interessengemeinschaften, denen daran gelegen ist, die Funktion der Zirbeldrüse beim Menschen auszulöschen?

Wie auch immer, denke selbst! Aktiviere deine Zirbeldrüse, es ist wichtig.

Ich will hier keinen Roman über die Zirbeldrüse schreiben, deshalb beschränke ich mich auf das Wesentlichste aus meiner Sicht. Beschäftige dich BITTE selbst mit diesem einzigartigen Geschenk des Schöpfers.

Nur so viel dazu:

Bereits die Ägypter und die Römer kannten die Funktion der Zirbeldrüse. In vielen alten Wandbemalungen sind verschlüsselte Informationen eingearbeitet worden. Weltberühmt ist das Auge des Horus, es stellt kein Auge dar, sondern die Zirbeldrüse (Thalamus). Ebenfalls findet man auf der Rückseite der US-Dollar-Note das „Allsehende Auge".

Durch die Aktivierung der Zirbeldrüse sind wir in der Lage, unseren göttlichen Auftrag zu erfüllen. Die Zirbeldrüse ist das göttliche Organ, was wir besitzen und welches uns mit der Quelle des Kerns unseres Ursprungs permanent verbindet.

Die Zirbeldrüse verbindet uns mit der Urquelle. Sie gibt uns Erleuchtung, Klarheit, Kraft und sorgt für unser Erwachen, deshalb aktiviere deine Zirbeldrüse.

Seit Menschengedenken kennt man das Geheimnis der Zirbeldrüse, sie verbindet uns nicht nur mit der Mutter Erde, sondern mit unserem höheren Selbst. Sie ist die Antenne ins Universum, nur sie kann die Gedankenbilder formen, die wir benötigen, wenn wir unsere Gedanken realisieren wollen.

Der große Denker René Descartes (1596 bis 1650) war ein vielseitiger Forscher, noch heute, über 350 Jahre nach seinem Tod beschäftigt sich die Wissenschaft mit seinen

Erkenntnissen. Er formulierte: "Cogito ergo sum: Ich denke, also bin ich!" Er beschäftigte sich intensiv mit der Zirbeldrüse.

Er war davon überzeugt, dass unsere „Seele" ihren Sitz in der Zirbeldrüse hat.

Aus welchen Gründen auch immer, findet man von offizieller Seite sehr wenig über das Thema Zirbeldrüse. Leider wird die Erforschung der Zirbeldrüse an den Universitäten ganz eindeutig und gewollt unterdrückt.

Die Lehrmeinung ist paradoxerweise, dass die Zirbeldrüse ein unnützes Organ sei, so unnütz wie der Blinddarm, was ebenfalls eine Lüge ist. Stelle dir mal die Frage: Warum ist das so? Wer will verhindern, dass die Menschheit aufwacht? Gibt es eventuelle eine Elite, die sich gottähnlicher fühlt und unsere Seele stehlen will?

In informierten Kreisen der Naturwissenschaft weiß man heute, dass die Zirbeldrüse die Funktion einer Antenne hat. Sie moduliert und interpretiert höhere Frequenzen und kalibriert sich mit der Grundfrequenz 8 HZ unserer Mutter Erde.

Die Zirbeldrüse ist unser Kompass, unser Ratgeber, sie lässt uns DENKEN. Solange wir eine gesunde Zirbeldrüse haben, können wir nicht - von wem auch immer - manipuliert werden.

Wusstest du, das die Zirbeldrüse sich bereits in der achten Schwangerschaftswoche als erstes Organ im Gehirn entwickelt? (In der siebten Schwangerschaftswoche entwickelt sich das Herz) Sie produziert bereits dann schon ganz bestimmte Transmitter und Hormone, die uns in den Zustand der Erleuchtung bringen. Wir sind also erleuchtet, wenn wir den Mutterleib verlassen. Durch Impfungen und viele anderer Faktoren verlieren wir diesen göttlichen Status der Erleuchtung.

Was kann man tun, um die Zirbeldrüse zu aktivieren? Bewege dich viel in der Natur, genieße Sonnenschein und tanke Vitamin D, starte Entgiftungskuren, trinke gesundes Wasser, betreibe Yoga, Meditation, beginne zu beten, lerne bewusstes Atmen. Informiere dich über Chlorella-Spirulina-Pulver, über Koriander, Magnesium, Vitamin K2, Melatonin, Mono-atomisches Gold, Monoatomisches Boron, Chanca Piedra Tee, bestimmte Frequenzen usw.

Vielen hilft auch Singen, es erzeugt Schwingungen, die gut sind für die Zirbeldrüse, höre entsprechende geeignete Musik, lasse deine Gedanken los oder versuche es mit dem Einatmen des ätherischen Nerolils.

Wir sollten alles daran setzen, schnellstmöglich unsere Zirbeldrüse wieder zu aktivieren. Sobald wir das geschafft haben, strahlen wir voller Energie und davon profitieren unsere Mitmenschen, die uns erleben dürfen.

Mache dir einen Plan und realisiere ihn, egal wie lange du dafür benötigst. Du kannst Glück haben und bist nach ein paar Monaten bereits am Ziel oder es dauert dementsprechend länger. Das hängt von deinem Alter ab, wann du angefangen hast, deine Zirbeldrüse zu entgiften. Lasse nur noch Positives in dein Leben, ignoriere alle schlechten Nachrichten, du kannst nichts an Situationen ändern, wenn das Problem bereits erzeugt wurde.

Beschäftige dich mit geistiger Gesundheit und geistiger Hygiene.

Eines weiß ich, du schaffst es, wenn du es willst.

Ich habe hier einige Passagen aus dem Kapitel über die Zirbeldrüse aus dem Buch: Eine Botschaft für alle inkarnierten Seelen herauskopiert. Ich hoffe, dass es mir gestattet wird, dafür mache ich ja auch indirekt Werbung für dieses tolle Buch, was nach meiner Meinung definitiv jeder Mensch lesen sollte.

Wie wichtig die Zirbeldrüse für uns Menschen ist, möchte ich mit den folgenden Sätzen unterstreichen.

Die Zirbeldrüse ist die direkte Linie zu Gott. Durch die Aktivierung der Zirbeldrüse sind wir in der Lage, unseren göttlichen Auftrag zu erfüllen. Die Zirbeldrüse ist das göttliche Organ, das wir besitzen und welches uns mit der Quelle des Kerns unseres Ursprungs permanent verbindet. Die Zirbeldrüse verbindet uns mit unserem höheren Selbst. Sie ist die Antenne ins Universum, nur sie kann die Gedankenbilder formen, die wir benötigen, wenn wir unsere Gedanken realisieren wollen.

Bei Johannes 14, Vers 14 steht: *„Was ihr bitten werdet in meinem Namen, das will ich tun."*

Wenn du erfolgreich beten willst, musst du deine Botschaft oder dein Thema bzw. das Problem durch deine Gedanken sinnbildlich gestalten, damit es Real in deinem Gehirn projiziert wird. Für diesen Vorgang benötigst du eine funktionierende Zirbeldrüse.

Gedanken formen Worte und Worte werden als Taten umgesetzt. Wie man mit Gedanken etwas verändern kann, siehst du in dem Video von Dr. Masaru Emoto. Ihr findet das Video mit dem Titel: „Emoto zeigt uns mit diesem Experiment, wozu Gedanken die Worte erzeugen, fähig sind," bei Youtube.

Video: Die Kraft der Gedanken

Alle, die daran zweifeln, dass man mit seinen Gedanken die Welt verändern kann, möchte ich auf ein kurzes Video von Dr. Masaru Emoto aufmerksam machen. Ihr findet das Video bei YouTube.

Das Video hat den Titel: „Emoto zeigt uns mit diesem Experiment, wozu Gedanken die Worte erzeugen, fähig sind." Hier noch der Link:

https://www.youtube.com/watch?v=hZN42UGEMEM &feature =youtu.be

Es reicht aus, wenn du bei Youtube den Titel eingibst, dann wird das Video aufgerufen.

Mit der Kraft unserer Gedanken kann das Bewusstsein der Gesellschaft verändert werden. Wünschen wir uns nicht alle bedingungslose Liebe, Respekt, Anstand, Frieden und Nächstenliebe unter den Menschen auf der ganzen Welt? Falls du an einer neuen Welt, dem Goldenen Zeitalter mitarbeiten willst, dann beschäftige dich bitte mit der Kraft der Gedanken.

Existiert Gott?

Hier schreibe ich über einen Versuch, der durchgeführt wurde, um zu beweisen, dass Gott nicht existiert. Der Versuchsleiter war ein Atheist und wollte allen Menschen die Augen öffnen und die Gläubigen demütigen. Aber - alles kam ganz anders wie erwartet und erhofft.

Der folgende Bericht über seine lebensverändernde Erfahrung stammt aus dem "Fellowship Magazine" Südafrika, den ich mit www.DeepL.com/Translator (der kostenlosen Version) für dich übersetzt habe. Dieser Bericht erzählt die Geschichte von Dr. Stovell aus Amerika:

"Ich war ein zynischer Atheist, der glaubte, dass Gott nur eine Projektion der menschlichen Vorstellungskraft sei. Ich war nicht in der Lage, an ein lebendiges göttliches Wesen zu glauben, das alle Menschen liebt und Macht über uns hat.

Eines Tages arbeitete ich in einem größeren Labor einer Klinik. Ich wurde mit der Aufgabe betraut, die Wellenlänge und Stärke der Strahlung des menschlichen Gehirns zu messen. Ich erklärte mich bereit, mit meinen Mitarbeitern ein heikles Experiment zu unternehmen. Wir wollten untersuchen, was im menschlichen Gehirn beim Übergang vom Leben zum Tod geschieht. Zu diesem

Zweck hatten wir eine Frau ausgewählt, die an einem tödlichen Gehirntumor litt. Seelisch und geistig war sie völlig normal und allgemein für ihre liebevolle, fröhliche Art bekannt. Körperlich befand sie sich jedoch in einem sehr schlechten Zustand. Wir wussten, dass sie im Begriff war zu sterben, und sie wusste es auch.

Wir waren informiert worden, dass es sich um eine Frau handelte, die im Glauben an Jesus Christus als ihren persönlichen Erlöser gelebt hatte. Kurz vor ihrem Tod brachten wir ein hochempfindliches Aufnahmegerät in ihrem Zimmer an. Dieses Gerät sollte aufzeigen, was in den letzten Momenten ihres Lebens in ihrem Gehirn vor sich gehen würde. Über dem Bett brachten wir zusätzlich ein winziges Mikrofon an, damit wir hören konnten, was

sie sagte, sollte sie vor ihrem Tod noch etwas sagen.

Ein überwältigendes Erlebnis.

Währenddessen gingen wir in die angrenzende Seiten-kammer. Wir wählten fünf Klangforscher aus, von denen ich wohl der Gemäßigte und Hartherzige war. Gespannt standen wir vor unseren Instrumenten und warteten. Der Indikator stand auf "Null" und konnte sich bei positiver Registrierung bis zu 500 Grad nach rechts und bei negativer Registrierung bis zu 500 Grad nach links bewegen. Nicht lange zuvor hatten wir mithilfe desselben Geräts die Leistung einer Rundfunkstation gemessen, die ein 50 Kilowatt starkes Programm in den Äther sendete. Es handelte sich um eine Nachricht, die um die ganze Welt getragen werden konnte. Bei diesem Test stellten wir eine positive Anzeige von neun Grad fest.

Die letzten Momente der sterbenden Frau schienen gekommen zu sein. Plötzlich hörten wir sie beten und Gott loben. Sie flehte Gott an, all denen zu vergeben, die ihr in ihrem Leben unrecht getan hatten. Dann brachte sie ihren Glauben an Gott voll und ganz zum Ausdruck, indem sie sagte: "Ich weiß, dass Du die einzige verlässliche Quelle der Kraft für alle Deine Geschöpfe bist und bleiben wirst." Sie dankte ihm für seine Kraft, mit der er sie ihr ganzes Leben lang unterstützt hatte, und für die Gewissheit, dass sie zu Jesus gehörte. Sie verkündete ihm, dass ihre Liebe zu ihm trotz all ihrer Leiden nicht abgenommen habe.

Im Gedenken an die Vergebung ihrer Sünden durch das Blut Jesu Christi verrieten ihre Worte eine unbeschreibliche Glückseligkeit. Schließlich jubelte sie in der Freude und dem Wissen, dass sie ihren Erlöser bald sehen würde. Tief ergriffen standen wir um unsere Instrumente herum. Wir hatten schon vergessen, was wir eigentlich erforschen wollten. Wir blickten uns an und schämten uns unserer Tränen nicht. Ich war so ergriffen von dem, was ich gehört hatte, dass ich weinen musste, wie ich es seit meiner Kindheit nicht mehr getan hatte.

Plötzlich, während die Frau weiter betete, hörten wir ein Klicken aus unseren Instrumenten. Bei einem Blick auf die Instrumente stellten wir fest, dass der Indikator 500 Grad positiv war und ständig gegen die Begrenzung schlug. Die Strahlungsenergie muss die Skala unserer Instrumente überschritten haben. Nur der kleine Begrenzungsstift verhinderte, dass der Indikator höher stieg.

Unsere Gedanken überschlugen sich. Wir hatten nun mithilfe eines technischen Gutachtens eine ungeheure Entdeckung gemacht: Das Gehirn einer sterbenden Frau, die in Kontakt mit Gott stand, entwickelte eine Kraft, die 55 Mal stärker war als die Leistung der weltweiten Rundfunkbotschaft. (Hier wird man an die Aussage des Nobelpreisträgers Dr. Alexis Carrel erinnert dass "das Gebet die stärkste Form der generativen Energie ist")

Um unsere Untersuchung fortzusetzen, schlossen wir uns wieder zu einem neuen Experiment zusammen. Diesmal wählten wir einen fast wahnsinnigen Mann. Nachdem wir unsere Instrumente wieder eingestellt hatten, baten wir die Krankenschwester, den Patienten auf irgendeine Weise zu reizen. Der Mann reagierte mit Beleidigungen und Flüchen. Als ob das noch nicht genügte, beschimpfte er den Namen Gottes in blasphemischer Weise. Wieder begannen unsere Instrumente zu klicken. Unsere Augen starrten gespannt auf die Waage. Wie schockiert waren wir, als wir feststellten, dass der Zeiger auf 500 Grad negativ stand und gegen den Begrenzungsstift gedrückt worden war! Wir hatten das Ziel unserer Entdeckung erreicht.

Durch instrumentelle Messungen hatten wir festgestellt, was im menschlichen Gehirn passiert, wenn man eines der zehn Gebote übertritt. Es war uns gelungen, die positive Kraft Gottes und die negative Kraft des Bösen wissenschaftlich zweifelsfrei zu beweisen. Sehr bald wurde uns klar, dass ein Mensch, der nach den göttlichen Gesetzen lebt und in Kontakt mit Gott steht, die Kraft Gottes ausstrahlt. Wenn man jedoch Gottes Gebot "Du sollst nicht ..." ignoriert, entsteht eine negative Ausstrahlung, nämlich die satanische Kraft.

In diesem Moment begann meine atheistische Lebensphilosophie zu bröckeln. Der Gedanke überkam mich: "Könnte es nicht doch einen Gott geben, der in der Lage ist, die im Gebet an ihn gerichtete Botschaft zu empfangen? Die Torheit meines Unglaubens wurde mir immer deutlicher. Da ich ehrlich zu mir selbst sein wollte, konnte ich mich der durchdringenden Wahrheit nicht verschließen. So wurde ich ein glücklicher Jünger Jesu und lernte an Jesus Christus als meinen persönlichen Erlöser zu glauben. Heute weiß ich, dass der Heiligenschein, den die Künstler oft um das Haupt Jesu gemalt haben, keine künstlerische Einbildung ist, sondern göttliche Wirklichkeit.

Was für eine befreiende Kraft ging von Jesus aus und tut es noch heute!

Dieselbe Kraft sollte sich im Leben der Erlösten offenbaren, denn Jesus sagte: "Ihr werdet Kraft empfangen, nachdem der Heilige Geist auf euch gekommen ist, und ihr werdet meine Zeugen sein. (Apostelgeschichte 1,8.) Wie sehr brauchen wir alle diese Kraft Gottes im Kampf gegen die Mächte der Finsternis.

Als ehemaliger Atheist danke ich Gott, dass er mich mit seinem Geist und seiner Kraft erfüllt hat."

Ich persönlich weiß, dass Gott der Schöpfer des Universums existiert, deshalb kann ich nur an dich appellieren: Finde deinen Weg, finde dein zu Hause!

Wir sind in dieser Welt aber nicht von dieser Welt.

Als ich diese Aussage: „Wir sind in dieser Welt aber nicht von dieser Welt," das erste Mal gehört habe, war ich tief berührt und es lief mir ein Schauer über den Rücken. Es war wie ein Weckruf, wie ein geheimes Zeichen, das tief in meiner DNA verborgen und einprogrammiert sein musste. In mir stieg eine innere Freude auf, die starke Emotionen in mir weckte und - bitte lacht nicht - meinen Körper in Gänsehaut einhüllte.

Als mich dieser Satz traf, war ich vollkommen eingebunden in diese Welt, in der ich lebte, auch wenn mir mein tatsächliches zu Hause fehlte.

Ab dem Moment ging ich auf die Suche und fand die Aussage von Jesus Christus bei Johannes 17 Verse 14 - 16:

- „14 Ich habe ihnen dein Wort gegeben, und die Welt hasst sie; **denn sie sind nicht von der Welt, wie auch ich nicht von der Welt bin.**

- 15 Ich bitte nicht, dass du sie aus der Welt nimmst, sondern dass du sie bewahrst vor dem Bösen.

- 16 **Sie sind nicht von der Welt, wie auch ich nicht von der Welt bin."**

Diese Aussage von Jesus öffnete mir langsam die Augen und ich wusste, ich bin nun auf dem richtigen Weg.

Langsam wurde es mir immer klarer: Ich bin, wie ich bin. Ich weiß, wer ich bin und nicht, wer ich gemäß meinem sozialen Umfeld sein sollte. Ich wurde zu dem, wer ich heute bin.

Auch dir, der du das liest, rufe ich zu:

„Werde zu dem, wer du bist, warst und immer sein wirst." Du musst jetzt nicht wissen, wie das geht, sondern entscheide dich dafür und ein neuer, einfacherer Weg kann und wird für dich beginnen.

Beschäftige dich mit Jesus Christus. Er sagte bei Johannes 12 Vers 46:

„Ich bin als Licht in die Welt gekommen, auf dass, wer an mich glaubt, nicht in der Finsternis bleibe."

Ich empfehle dir von ganzem Herzen dieses Buch:

Eine Botschaft für alle inkarnierten Seelen

Wacht auf, erinnert euch, denkt selbst, beende das Rad der Reinkarnation. Rettet eure Seele, es ist noch nicht zu spät!

- Aisha Maria Calligaris
- Selbsthilfe & Recht
- Paperback
- 144 Seiten
- ISBN-13: 9783734797057

- Verlag: Books on Demand

Dieses Buch hat mir definitiv dabei geholfen aufzuwachen. Dieses Buch hat meinen Blickwinkel auf mich persönlich und die Welt, in der ich lebe, verändert. Dieses Buch ist der Grund, warum ich diese Zeilen für dich geschrieben habe. **Ich will dir helfen aufzuwachen und dir die Chance geben, deine Seele zu retten.** Ergreife die Chance und helfe uns dabei, diese Welt zu verändern und das Goldene Zeitalter zu gestalten.

Fazit: Wir brauchen ein neues Bewusstsein bei den Menschen!

Kennst du die Doomsday Clock, die Weltuntergangsuhr? Diese Uhr steht im Moment bei 90 Sekunden vor 12 und signalisiert dadurch, dass nur noch 90 Sekunden als Puffer vorhanden sind, bevor die Menschheit für immer untergeht.

Als diese Uhr von Albert Einstein, J. Robert Oppenheimer und anderen Physikern im Jahr 1947 gegründet wurde, sollte sie als Warnung dienen, damit die aktuellen Weltregierungen immer darauf achten, dass es keine globalen Konflikte geben darf.

Doch weit gefehlt. 90 Sekunden vor 12 ist gleichzusetzen mit Alarmstufe ROT. Weltweite Konflikte wie der Krieg der Russen gegen die Ukraine, Verhalten der NATO und der EU zum Ukrainekrieg......

Auf einmal sollen Waffenlieferungen Frieden schaffen?

Noch verrückter geht es doch kaum, oder?

Dann der nahende Konflikt zwischen China und Amerika, wenn es um Taiwan geht. China droht regelmäßig damit, Taiwan mit Waffengewalt zu erobern, wenn es sich nicht freiwillig dem "Mutterland" anschließt, und die Amerikaner wollen Taiwan bei einem Konflikt im Fall eines Angriffs mit militärischen Mitteln verteidigen.

Im Nahostkonflikt, dem Streit zwischen Israel und den arabischen Staaten um das Gebiet von Israel, Palästina und den Gazastreifen brodelt es wie schon seit Langem nicht mehr.

Der Bürgerkrieg in Jemen, bei dem bisher mehr als 11.000 Kinder getötet oder verletzt wurden, ist am Eskalieren. Saudi-Arabien, die nach einigen Menschenrechtsorganisationen als weltweit schlimmste Diktatur gilt, bombardiert mit seinen Partnern Krankenhäuser, Kindergärten und Schulen. Dieser Konflikt hat bisher dramatische Folgen. Die Vereinten Nationen berichteten über 380.000 Toten, über vier Millionen Flüchtlingen und fast 20 Millionen Menschen, die Hunger leiden.

Neben diesen von Menschenhand gemachten Katastrophen gibt es weltweite Naturkatastrophen.

Nach der Erdbebenkatastrophe in der syrisch-türkischen Grenzregion sind bis heute bereits mehr als 47.000 Todesopfer geborgen worden.

Geophysiker warnen vor der Umkehrung des Erdmagnetfelds, einem Polumsprung, der verheerende Katastrophen erzeugt.

Es gibt weit mehr Probleme, Kriege, Menschenrechtsverletzungen auf der Welt, doch es reicht mir hier weiter darüber zu schreiben.

Aufgrund dieser ganzen dramatischen Zustände ist es an der Zeit, dass jeder geweckt wird und aufwacht, damit die individuelle Lebensaufgabe begonnen werden kann.

Lese bitte die Botschaft in dem von mir hier bereits mehrfach angepriesenen Buch: **Eine Botschaft für alle inkarnierten Seelen.** Es ist ein Buch, das definitiv jeder lesen sollte. Eine Investition in dein neues Leben.

Die Zeit ist gekommen, wache auf, stehe auf und helfe uns dabei, dass die Menschen aufwachen und mit einem neuen Bewusstsein durchs Leben gehen, denn dann werden wir gemeinsam das Goldene Zeitalter begrüßen.

Ich verlasse mich auf dich!

Eine große Bitte an dich

Bitte nimm dir täglich - wie sehr viele andere Mitstreiter 2 oder 3 Minuten Zeit und wünsche dir zu einer Uhrzeit, die deinem Biorhythmus entspricht Folgendes:

"Ich wünsche mir bedingungslose Liebe, Respekt, Anstand, Frieden und Nächstenliebe unter den Menschen auf der ganzen Welt. Ferner bitte ich das Universum, alle Anhänger der Unterwelt mitsamt ihrem Einfluss für ewig von dieser Welt zu verbannen."

Sobald dieser Wunsch sehr oft ausgesprochen wird, werden wir gemeinsam das Bewusstsein der Menschen verändern.

Viele Jahre habe ich benötigt aufzuwachen. Heute kann ich voller Stolz sagen:

Ich bin - die ich bin.

Ich weiß, wer ich bin

und nicht wer ich sein sollte.

ICH BIN!

Danke, dass du dieses Buch bis zur letzten Seite gelesen hast.

Hier findest du das Cover von dem Buch, das ich dir
unbedingt empfehle zu lesen.

Eine Botschaft für alle inkarnierten Seelen

Aisha Maria Calligaris